# RÈGLEMENTS

## INTÉRIEURS

### DE LA

# BANQUE DE ROUEN.

—

## 1843.

# Banque de Rouen.

## RÈGLEMENTS

### INTÉRIEURS

DE LA

## BANQUE DE ROUEN,

**ARRÊTÉS PAR LE CONSEIL D'ADMINISTRATION
EN SÉANCE, LE 3 MAI 1843.**

## CONSTITUTION DE LA BANQUE.

### Privilége.

Ordonnance royale du 7 Mai 1817, au 15 Août 1826 :　　9 ans, 3 m⁵, 8 jʳˢ.

( *Voir la Pièce justificative* n° 3. )

Ordonnance royale du 7 Juin 1826, ( *Voir la Pièce
justificative* n° 4 ) à dater du 16 Août 1826, au 31
Décembre 1841. . . . . . . . . . . . . . . . . . . 15 ans, 2 m⁵, 9 jʳˢ.

　　　　　　　　　*A reporter.* . . . . . 24 ans, 5 m⁵, 17 jʳˢ.

I

Report. . . . .   24 ans, 5 m⁵, 17 jʳˢ.

Ordonnance royale du 14 Juin 1840, portant prorogation jusqu'au 31 Décembre 1843. (*Voir la Pièce
justificative* n° 7.) . . . . . . . . . . . . . . . . .   2 ans,   »    »

26 ans, 5 mˢ, 17 jʳˢ.

Ordonnance royale du 6 Mai 1841. (*Voir la Pièce
justificative* n° 9.)

Loi du 5 Juin 1842, portant que la Banque est
maintenue jusqu'au 31 Décembre 1863. . . . . . .   20 ans,   »    »

Ensemble. . . . .   46 ans, 5 mˢ, 17 jʳˢ.

Néanmoins, le Privilége pourra prendre fin ou être modifié le 31 Décembre 1855, s'il en est ainsi ordonné par une loi votée dans l'une des deux sessions qui précéderont cette époque. (Article 1ᵉʳ des Statuts.)

Six mois au moins avant le terme fixé à la Société par l'article 1ᵉʳ des Statuts, tous les Actionnaires seront convoqués pour statuer sur le mode à suivre pour la liquidation, ou décider, s'il y a lieu, le renouvellement de la Société. (Art. 41 des Statuts. — *Voir la Pièce justificative* n° 8.)

## Fonds capital.

Du 7 Mai 1817 au 21 Février 1834. . . . . . . . . .   1,000,000  »

Du 22 Février 1834 au 28 Décembre 1835. . . . .   1,250,000  »

Du 29 Décembre 1835 au 26 Août 1836. . . . . .   1,500,000  »

Du 27 Août 1836 au 26 Juin 1837. . . . . . . . . .   2,000,000  »

Du 27 Juin 1837 au 9 Août 1841. . . . . . . . . . .    2,500,000  »

Depuis le 10 Août 1841. . . . . . . . . . . . . . .    3,000,000  »

L'article 2 des Statuts ( loi du 5 Juin 1842 ) porte que l'Assemblée générale des Actionnaires, convoquée extraordinairement à cet effet, pourra augmenter le fonds social au moyen d'une émission d'Actions nouvelles, qui ne pourront être placées au-dessous du pair. La délibération ordonnant cette augmentation ne sera exécutoire qu'après l'approbation du Gouvernement et la promulgation de la loi. ( *Voir* la Note explicative n° 10, annexée au présent Règlement. )

## Fonds de Réserve.

Le fonds de réserve, maintenu par délibération prise le **17 Janvier 1843**, en Assemblée générale des Actionnaires, devra être placé en rentes sur l'État, et sera successivement porté au quart du capital social de la Banque. ( Art. 17 des Statuts. )

## Des Actions.

### ARTICLE PREMIER.

Le capital de la Banque de Rouen est représenté par trois mille Actions nominatives, de mille francs chacune, et inscrites sur les registres de la Banque, tenus en double à cet effet. Un certificat d'inscription est délivré aux propriétaires desdites Actions. ( Art. 2 des Statuts. )

Ce certificat mentionne :

La date du transfert ;

Le nombre des Actions transférées ;

Le numéro d'ordre de l'inscription ;

Les nom, prénoms et domicile du propriétaire.

Il est certifié par le Chef de comptabilité, signé par l'un des Administrateurs, et visé par le Directeur.

### Art. 2.

Les oppositions au transfert des Actions sont reçues par le Directeur : elles sont transcrites sur un registre à ce destiné.

Elles sont transmises ensuite au Chef de comptabilité, qui en a la garde et les mentionne sur le registre des transferts.

### Art. 3.

Les demandes de transferts d'Actions sont remises au Directeur, qui les vise s'il n'y a pas d'opposition et les transmet au Chef de comptabilité, qui opère le transfert, lequel doit être certifié par un Agent de change, en cas de vente, ou par un Notaire, en cas de mutation par succession ou donation. ( Art. 4 des Statuts. )

## Du Transfert des Actions et Fonds publics inscrits au nom de la Banque.

### Art. 4.

Les transferts des Actions et Fonds publics inscrits au nom de la Banque sont signés par le Directeur et par l'Administrateur secrétaire du Conseil.

### Art. 5.

Les inscriptions des Actions et Fonds publics inscrits au nom de la Banque sont remises au Directeur, qui en a la garde. Les Effets au porteur, appartenant à la Banque, ou déposés en garantie, sont enfermés dans une caisse à trois clefs, dont l'une est confiée au Directeur; la seconde est aux mains d'un Administrateur, et la troisième est remise à l'un des Censeurs.

## De l'Assemblée générale des Actionnaires.

### Art. 6.

Le Chef de comptabilité dresse, en temps utile, l'état des cent Actionnaires domiciliés dans le département de la Seine-Inférieure et de l'Eure, propriétaires, depuis deux mois au moins, du plus grand nombre d'Actions, et qui doivent composer l'Assemblée générale.

Cet état ou tableau, visé par le Directeur, est arrêté par le Conseil d'administration.

Les articles 18, 19, 20, 36, 37 et 39 des Statuts, déterminent l'époque des réunions et les attributions de l'assemblée générale des Actionnaires.

## Du Conseil d'Administration.

### Art. 7.

Le Conseil d'Administration, composé en la forme prescrite par l'article 21 des Statuts, se réunit les 2 et 17 de chaque mois, ou le lendemain, en cas de jour férié et toutes les fois que le Directeur le juge nécessaire ou que la demande en est faite à ce dernier par deux Censeurs. (Art. 18 des Statuts.)

## Art. 8.

Le Secrétaire du Conseil d'Administration doit être pris parmi les douze Administrateurs ; il est rééligible, et nommé chaque année au Scrutin pour l'année entière.

## Art. 9.

Les fonctions de Secrétaire sont de faire l'appel nominal, immédiatement après l'ouverture des Séances du Conseil ; de rédiger les procès-verbaux, d'en donner lecture ; de distribuer les jetons de présence, aussitôt après l'adoption des procès-verbaux, mais seulement aux Membres arrivés avant cette adoption ; de compter les votes et de tenir note des diverses propositions, ajournements, nominations des Comités et Commissions, etc.

## Art. 10.

Aucune délibération ne peut avoir lieu sans le concours du Directeur, de six Administrateurs et d'un Censeur. La voix du Directeur ou de l'Administrateur qui le remplace dans la présidence du Conseil, est prépondérante en cas de partage. (Art. 27 et 29 des Statuts.)

## Art. 11.

En cas d'absence ou d'empêchement du Directeur, ses fonctions sont remplies provisoirement par un Administrateur désigné par le Conseil. Il en sera immédiatement donné avis au Ministre des Finances. (Art. 35 des Statuts.)

### Art. 12.

Toute proposition qui ne fait point partie de l'ordre du jour, est renvoyée à une autre Séance, si ce renvoi est demandé par deux Membres du Conseil ou l'un des Censeurs.

### Art. 13.

Les procès-verbaux des Séances du Conseil d'Administration, après leur approbation, sont transcrits sur le registre à ce destiné, et signés par le Directeur et l'Administrateur-Secrétaire.

Le registre des délibérations est communiqué, sans déplacement, à tout Membre du Conseil qui en fait la demande au Directeur.

### Art. 14.

Toute proposition tendant à modifier les règlements intérieurs de la Banque, est renvoyée à une commission spéciale qui fait son rapport. Ses conclusions, avant d'être adoptées ou rejetées, devront être mises en délibération à deux Séances du Conseil.

### Art. 15.

En cas d'absence, chaque Administrateur ou Censeur doit en informer le Directeur.

## Art. 16.

Les fonctions et attributions du Conseil d'Administration, sont déterminées par les art. 6 à 16, les art. 21 à 32 des Statuts, et la loi du 22 Avril 1806. (*Voir la Pièce justificative* n° 2.)

## Art. 17.

Le Conseil d'Administration nomme dans son sein, un Comité d'escompte, composé de trois Membres ; il nomme aussi un Comité des billets, un Comité des livres et porte-feuille, et un Comité des caisses, composés de deux Membres chacun. Les Membres sortants ne peuvent être réélus, qu'après un intervalle de 6 mois.

Les Administrateurs pourront être, en même temps, Membres du Comité d'escompte et de l'un des trois autres Comités.

# Du Comité d'Escompte.

## Art. 18.

Le tableau d'ordre de service au Comité d'escompte est dressé chaque année par le Conseil d'administration.

## Art. 19.

Le Comité d'escompte se compose du Directeur et de trois Administrateurs, qui se renouvellent, par tiers, tous les cinq jours.

## Art. 20.

Ce Comité se réunit tous les jours non fériés, à une heure de l'après-midi. Les Membres de service sont convoqués par le Directeur, qui pourvoit au remplacement des Administrateurs absents, s'il n'y a pas été pourvu par l'Administrateur de service.

## Art. 21.

Un registre spécial mentionne : 1° les bordereaux présentés à l'escompte ; 2° le montant des effets admis ; 3° les effets à rendre ou rejetés de l'escompte ; le tout certifié par l'un des Membres du Comité. Tout changement ou rectification sur ce livre, ne pourra être fait que par le Comité d'escompte.

## Art. 22.

Les Membres du Comité ne peuvent prononcer sur leurs bordereaux, sur ceux des maisons dans lesquelles ils sont intéressés, ni sur les valeurs portant leurs signatures.

Le Directeur ne peut présenter à l'escompte aucun effet revêtu de sa signature ou lui appartenant.

## Art. 23.

Les observations faites en Comité d'escompte sont tenues secrètes.

## Art. 24.

Il est ouvert un registre, par ordre alphabétique, mentionnant la situation des signatures engagées, existantes dans le porte-feuille de la Banque.

Ce registre énonce :

Les noms et professions de chaque présentateur ; la somme pour laquelle il est engagé,

Comme cédant ;

Comme endosseur ;

Comme principal obligé.

Les effets à deux signatures, garantis par un dépôt d'effets publics, sont indiqués sur le registre des engagements, dans le compte ouvert au présentateur. Ce registre est déposé chaque jour, sur le bureau du Comité.

## Art. 25.

Les Membres présents au Comité d'escompte ont droit à un jeton de présence, distribué chaque jour.

## Art. 26.

Les effets pris à l'escompte et ceux dits au comptant, sont remis à la garde du Directeur, qui les classe dans les porte-feuilles de la Banque.

Le Comité d'escompte sera consulté par le Directeur, sur l'opportunité de la négociation de toutes les valeurs du porte-feuille.

## Des Escomptes.

## Art. 27.

La Banque n'admet à l'escompte que des effets de commerce sur timbre, payables à Rouen, à Paris, au Havre, à Elbeuf, à Darnétal, à Yvetot, à Bolbec, à Fécamp, à Dieppe et à Louviers. (Art. 7 des Statuts.)

### ART. 28.

Les transferts opérés en addition de garantie, ne devant pas arrêter les poursuites contre les signataires des effets admis à l'escompte, ce n'est qu'à défaut de paiement et après protêt, que la Banque se couvre en disposant des valeurs transférées, aux termes de l'Ordonnance royale du 15 Juin 1834 et de l'art. 10 des Statuts. *(Voir la Pièce justificative n° 6.)*

### ART. 29.

La Banque escompte tous les jours non fériés. Les Bordereaux doivent être remis au bureau de l'escompte, de 9 à 11 heures du matin.

### ART. 30.

Le net produit des effets admis, est payé de 2 à 3 heures, ou porté au crédit des présentateurs qui ont un compte courant à la Banque.

Les effets rejetés de l'escompte sont immédiatement rendus aux présentateurs, contre leur récépissé.

## Du Comité des Billets.

### ART. 31.

Le Comité des billets, composé de deux Administrateurs, est renouvelé par moitié, tous les six mois.

### Art. 32.

Le Comité des billets est spécialement chargé de surveiller les opérations relatives à la confection des billets, et leur versement dans les Caisses de la Banque.

Il ne pourra être délivré au Directeur pour plus de 500,000 fr. de papier
destiné à la confection des billets de Banque.

### Art. 33.

Le Directeur dresse procès-verbal des opérations mentionnées ci-dessus, pour
le soumettre à l'approbation du Comité.

## Du Comité des Livres et Porte-Feuilles.

### Art. 34.

Le Comité des livres et porte-feuilles, composé de deux Administrateurs, est
renouvelé par moitié, tous les six mois.

### Art. 35.

Le Comité des livres et porte-feuilles est chargé de la surveillance des livres et
registres de la Banque.

### Art. 36.

Il examine les effets qui composent les porte-feuilles, et vérifie, tous les trois mois
au moins, si ces effets réunissent les conditions exigées par la Banque. Le Comité
des livres est chargé de la surveillance du registre de classification des crédits.

## ART. 37.

Aux termes de l'article 38 des Statuts, les Censeurs se font aussi représenter, toutes les fois qu'ils le jugent convenable, les porte-feuilles de la Banque, pour en contrôler les valeurs prises à l'escompte.

## Du Comité des Caisses.

## ART. 38.

Le Comité des caisses, composé de deux Administrateurs, est renouvelé par moitié tous les six mois.

## ART. 39.

Le Comité des caisses est chargé de vérifier, au moins une fois par quinzaine, la situation de la caisse des recettes et paiements, et au moins une fois par mois :

La caisse des dépôts volontaires ;

Celle des dépôts engagés ;

Celle des effets publics déposés à la Banque, et lui appartenant.

Il dresse procès-verbal de ces vérifications sur un registre à ce destiné.

Il en fait rapport au Conseil d'administration : la vérification la plus scrupuleuse est de rigueur.

## ART. 40.

Le Comité des caisses surveille l'exécution des Statuts et Règlements relatifs aux caisses de la Banque, ainsi que la sûreté intérieure et extérieure de ces caisses.

Art. 41.

Le Comité des caisses a la faculté de se présenter à toute heure pour vérifier et constater la situation des caisses.

## Des Effets au comptant.

Art. 42.

Les Effets sur Rouen, dits au comptant, sont enregistrés de suite et remis au Directeur, qui les classe par ordre d'échéance et les renferme dans les portefeuilles de la Banque.

Le Chef de comptabilité inscrit sur les carnets des comptes courants, avec mention des échéances, les effets des ayant–compte à la Banque.

Les sommes versées en espèces ou billets de la Banque sont portées sur les carnets de comptes courants par le Caissier principal.

Art. 43.

Au fur et à mesure des échéances, les effets au comptant et les effets escomptés, payables à Rouen, sont remis au Caissier principal, contre son récépissé.

Les *secondes* qui ne seront pas accompagnées de leurs *premières acceptées,* seront rejetées des bordereaux d'effets au comptant.

# Des Comptes courants.

### Art. 44.

Toute personne domiciliée à Rouen, ou les personnes résidant dans les communes distantes de vingt kilomètres, au plus, et notoirement solvables, peuvent, sur leur demande, obtenir un compte courant. Cette demande devra être appuyée par deux Administrateurs ou Censeurs de la Banque, et, à défaut, par deux personnes y ayant déjà des comptes. ( Art. 12 des Statuts. )

Conformément à l'article 33 de la loi du 24 Germinal an XI ( *Voir la Pièce n° 1* ), aucune opposition n'est admise sur les sommes en compte courant avec la Banque.

### Art. 45.

La Banque n'est tenue à aucune diligence pour les effets au comptant à encaisser sur Rouen. A défaut de paiement, le Caissier principal les renvoie le lendemain de l'échéance aux cédants, qui sont tenus de les reprendre et d'en fournir récépissé indiquant la somme et l'échéance de chaque effet.

En cas de refus, ces effets restent déposés à la caisse principale, aux risques et périls des cédants.

### Art. 46.

Un carnet de compte courant est fourni à ceux qui ont compte ouvert à la Banque.

Les sommes ou valeurs remises en compte courant à la Banque, sont inscrites sur le carnet par le Chef de comptabilité ou le Caissier.

Les titulaires du compte portent de leur côté, au débit du carnet, les mandats ou assignations qu'ils ont fournis, ou les engagements pris au domicile de la Banque.

### Art. 47.

Les comptes courants sont réglés et portés à nouveau, au moins tous les trimestres, par le chef de comptabilité.

### Art. 48.

Ceux qui, ayant compte courant à la Banque, y contractent des engagements, sont tenus d'en donner avis au Directeur trois jours avant l'échéance.

Cet avis indique :

1° La nature de l'engagement ;

2° La somme à payer ;

3° L'échéance ;

4° La date et l'ordre ;

5° Le nom du tireur ou du confectionnaire.

Cet avis énonce aussi, en toutes lettres, le montant des engagements ; il est signé et daté.

Toute personne n'ayant pas compte courant à la Banque, n'aura pas la faculté d'y élire domicile.

### Art. 49.

Les versements en espèces ou billets, en compte courant, sont accompagnés d'un bordereau particulier, daté et signé par le déposant, indiquant en toutes lettres le montant de la somme versée.

### Art. 50.

Les effets sur Rouen, remis à l'encaissement, doivent être apportés à la Banque, au plus tard, la veille de l'échéance, avant midi, et l'avant-veille, si l'échéance est un jour férié, ou à la fin du mois.

Le bordereau à l'appui de ces effets énonce :

1° Le montant de chaque effet ;

2° L'échéance ;

3° Le nom de l'accepteur ou du tiré ;

4° Le montant du bordereau, qui est daté et signé.

Il ne devra contenir aucun effet ayant plus de cinq jours d'échéance.

Les effets sont acquittés par celui qui les remet à la Banque.

Des formules de bordereau sont délivrées aux titulaires des comptes courants.

### Art. 51.

Il est fourni des reçus pour les paiements indiqués sur la Banque, laquelle n'est point responsable des préjudices qui peuvent résulter de la perte ou soustraction des reçus, si elle n'a été prévenue à temps, pour empêcher tout paiement irrégulier.

Il est aussi délivré par la Banque des formes de bons de virement ou transport d'un compte à un autre, des sommes versées en compte courant.

Les reçus portant une date postérieure à leur présentation, ne sont point acquittés.

### Art. 52.

S'il n'y a pas de fonds suffisants au crédit du confectionnaire, tout reçu ou bon de virement n'est point acquitté par la Banque. Dans ce dernier cas, les titulaires

3

de ces comptes courants peuvent, sur une délibération du Conseil d'Adminis-tration, être privés de la faculté de conserver leur compte à la Banque.

## ART. 53.

Les mandats fournis sur la Banque, et les effets par elle acquittés pour le compte des particuliers, leur sont rendus lors du règlement des comptes courants. La Banque en fait donner décharge sur un registre à ce destiné.

## Des Récépissés payables à vue.

## ART. 54.

Ceux qui n'ont point de comptes courants à la Banque, sont néanmoins admis à faire des dépôts d'espèces ou billets contre des récépissés payables à vue.

Ces versements sont faits sur des bordereaux spéciaux portant, en toutes lettres, le montant du versement, qui ne donne lieu à aucun intérêt. (Art. 7 des Statuts. )

## ART. 55.

Les récépissés sont à talon ; ils énoncent :

1° La somme déposée ;

2° Le nom et le domicile du déposant.

Ils sont signés par le Caissier principal et contresignés par le Directeur.

## ART. 56.

A mesure de leur rentrée en caisse, ces récépissés sont remis au Directeur, qui en fait opérer la décharge sur le registre.

Ils sont remis au Chef de comptabilité, pour être déposés ensuite aux Archives.

## Art. 57.

Il est ouvert, sur les livres de la Banque, un compte intitulé : *Récépissés payables à vue.*

# Des Archives.

## Art. 58.

Les Archives de la Banque renferment toutes les pièces, titres, papiers, registres, talons et autres papiers appartenant à la Banque, pour y avoir recours au besoin ; ils sont classés par ordre d'années et de matières.

## Art. 59.

Les procurations et lettres ayant pour objet d'accréditer des Agents à la Banque, sont déposées aux Archives.

Les oppositions, notifications judiciaires, et tous actes ou titres dont la conservation est jugée nécessaire, sont classés dans les Archives, dès qu'ils cessent d'être utiles dans les bureaux.

## Art. 60.

Nul, excepté les Membres de l'Administration, ne peut prendre communication des pièces et registres déposés aux Archives, sans une autorisation spéciale du Directeur.

### Art. 61.

Les objets déposés aux Archives ne peuvent en être extraits sans une autorisation par écrit du Directeur; il en est donné récépissé à l'Archiviste, au bas de l'autorisation. Le récépissé est mis à la place de la pièce communiquée : il est rendu lorsque la pièce est réintégrée, et après que la signature du Directeur a été biffée.

### Art. 62.

La garde des Archives et la tenue du plumitif sont confiées au Directeur.

## ORGANISATION DES BUREAUX.

## Direction.

### Art. 63.

Les fonctions et attributions du Directeur sont déterminées par les articles 33, 34, 35 des Statuts et la loi du 22 Avril 1806. ( *Voir les Pièces* n⁰ˢ 2 *et* 11. )

### Art. 64.

Avant d'entrer en fonctions, le Directeur est tenu de déposer trente Actions de la Banque, lesquelles servent de garantie de sa gestion, et demeurent inaliénables pendant toute la durée de cette gestion. ( Art. 34 des Statuts. )

### Art. 65.

Le Directeur devra habiter l'hôtel de la Banque. Aucun changement de distribution ne pourra être fait dans l'hôtel, sans l'approbation du Conseil d'administration.

## Art. 66.

Les dépenses qui n'auront pas été prévues et approuvées dans le budget de la Banque, prescrit par l'article 26 des Statuts, seront préalablement soumises au Comité des caisses, et devront être approuvées par le Conseil d'administration.

## Comptabilité.

### Art. 67.

Un Chef de comptabilité est chargé des écritures de la Banque et du travail de l'escompte; il a sous ses ordres les employés jugés nécessaires au service des bureaux.

## Des Caisses.

### Art. 68.

Les Caisses de la Banque se divisent en caisse principale, en caisse de remboursement et d'échanges.

## Du Caissier principal.

### Art. 69.

Le Caissier principal est chargé de la caisse des recettes et paiements ; la caisse des remboursements et échanges est tenue par un sous-caissier.

## Art. 70.

Avant d'entrer en fonctions, le Caissier principal devra déposer, en garantie de sa gestion, soit quinze actions de la Banque de Rouen, soit la caution d'une somme de 30,000 fr., garantie par deux personnes notoirement solvables et admises par le Conseil d'administration.

## Art. 71.

La caisse principale se compose :

1° De la caisse journalière, qui ne devra pas excéder 600,000 fr., tant en billets qu'en espèces, somme qui sera, chaque jour, remise par le Directeur au Caissier principal ;

2° De la caisse de réserve ;

3° De la caisse des dépôts volontaires.

## Art. 72.

Le Caissier principal a l'une des deux clefs de la caisse journalière ; l'autre est aux mains du Directeur, qui ouvre et ferme chaque jour cette caisse, après avoir vérifié la situation du jour, au moment de la clôture des caisses.

## Art. 73.

Le Directeur met à la disposition du Caissier principal les effets sur Rouen, parvenus à leurs échéances, à encaisser.

## Art. 74.

La caisse de réserve est fermée à trois clefs : l'une est remise à l'un des Censeurs, l'autre à l'Administrateur désigné par le Conseil, et la troisième au Caissier principal.

## Art. 75.

Les mouvements de la caisse de réserve sont mentionnés sur un registre spécial, certifiés et signés par les dépositaires des trois clefs, qui constatent les sommes restant déposées dans la réserve.

## Art. 76.

Le Caissier principal tient un registre journalier des recettes et dépenses détaillées, indiquant le mouvement des espèces et des billets de Banque.

## Art. 77.

Chaque jour au soir, le Caissier principal dresse, sur un registre à ce destiné, un état sommaire de la situation de caisse, par recette, dépense et restant en caisse.

Une expédition en feuille, certifiée par le Caissier principal, est remise au chef de comptabilité ; le registre est déposé sur le bureau du Comité d'escompte.

## Art. 78.

Le Caissier principal fait encaisser les effets qui lui sont remis par le Directeur. Il reçoit pareillement, et porte sur les carnets, les sommes versées en compte courant ( espèces et billets de la Banque), et fait porter sur les carnets, par le chef de comptabilité, les effets à encaisser. Il reçoit aussi les droits de garde des *dépôts volontaires* réglés par le Directeur, conformément aux arrêtés du Conseil d'administration.

### Art. 79.

Il remet chaque matin, au caissier des remboursements, les fonds nécessaires aux besoins présumés de la journée ; l'excédent, après la clôture des bureaux, reste dans la caisse des remboursements fermant à deux clefs, l'une aux mains du Caissier principal, et l'autre restant confiée au caissier des remboursements.

### Art. 80.

La caisse des dépôts volontaires est fermée d'une porte à deux clefs, l'une aux mains du Directeur, et l'autre aux mains de l'Administrateur délégué à cet effet.

### Art. 81.

La Banque reçoit, à titres de dépôts volontaires :
Tous titres, lingots, monnaies et matières d'or ou d'argent de toute espèce. (Art. 7 des Statuts.)

### Art. 82.

Au moment où le *dépôt volontaire* s'effectue, la Banque perçoit un droit de garde, sur la valeur estimative du dépôt.

### Art. 83.

Le droit perçu demeure acquis à la Banque, lors même que le dépôt serait retiré avant le délai fixé.

### Art. 84.

Un registre particulier est tenu pour les dépôts volontaires.

Ce registre mentionne :

1° Le numéro d'ordre de l'inscription ;

2° La nature du dépôt ;

3° La valeur pour laquelle il est déclaré ;

4° Le nom et la demeure du déposant ;

5° La date du jour où le dépôt est fait ;

6° Celle où il doit être retiré.

Ce registre contient une colonne marginale, pour constater le retirement du dépôt.

## Art. 85.

Les déposants certifient le dépôt sur le registre à ce destiné, et y inscrivent leur quittance, lors du retrait du dépôt.

## Art. 86.

Les récépissés des dépôts volontaires sont signés par le Caissier principal et légalisés par le Directeur : ils expriment la nature et toutes les circonstances du dépôt, telles qu'elles sont inscrites au registre. Les récépissés ne sont point à ordre, et ne peuvent ainsi être transmis par la voie de l'endossement.

## Art. 87.

Les objets déposés sont clos et cachetés en présence des déposants, du Directeur et du Caissier principal.

Ils sont scellés du cachet du déposant; l'empreinte de ce cachet est appliquée sur le registre des dépôts.

### ART. 88.

Le paquet contenant l'objet déposé, est recouvert d'une enveloppe, sur laquelle sont mentionnés :

1° Le numéro de l'enregistrement ;

2° La valeur déclarée du dépôt ;

3° L'époque où il doit être retiré.

Ces indications sont paraphées par le déposant, le Directeur et le Caissier principal.

### ART. 89.

La Banque ne garantit pas la valeur déclarée ; elle s'engage seulement à restituer le dépôt dans son intégrité extérieure.

Elle ne garantit pas les défauts de diligences, pour les effets ou engagements à terme qui lui sont confiés en dépôt.

### ART. 90.

Aucun droit de garde n'est perçu sur les dépôts, sur lesquels la Banque fait des avances.

### ART. 91.

Le taux de l'intérêt des avances, et le terme auquel le remboursement doit s'effectuer, et le dépôt être retiré, sont fixés en Conseil d'administration.

### ART. 92.

Ces dépôts peuvent être retirés à volonté ; mais les retirements anticipés ne donnent pas droit à la restitution de l'intérêt perçu par la Banque.

### Art. 93.

La Banque fournit des récépissés *des dépôts* qui lui sont faits *sur avances.*

Les récépissés sont donnés au bas d'un bordereau énonçant pour les lingots :

1° Leur nombre ;

2° Leur poids ;

3° Leur nature ;

4° Leur titre certifié par l'essayeur de la monnaie, aux frais du déposant ;

5° Le prix du kilogramme, d'après le taux des monnaies.

6° Leur valeur.

Pour les monnaies :

1° Leur nature ;

2° Leur nombre ;

3° Leur poids ;

4° Le prix du kilogramme, d'après le tarif de la monnaie ;

5° Leur valeur.

Les récépissés doivent énoncer :

1° Les noms et demeure des déposants ;

2° La date où le dépôt a été fait ;

3° Celle où il doit être retiré ;

4° La somme avancée ;

5° La nullité du récépissé et l'application du troisième paragraphe de l'art. 10 des Statuts, si le remboursement de la somme avancée n'a pas été fait à l'échéance du prêt.

6° Le numéro du registre des dépôts.

## Art. 94.

Les avances sur dépôt de lingots ou de monnaies d'or ou d'argent, peuvent être de la valeur intégrale du dépôt.

Cetté valeur est calculée d'après le tarif de la monnaie.

## Art. 95.

Les récépissés *des dépôts avec avances* peuvent être à ordre et transmissibles par voie d'endossement, avec avis au Directeur.

Ils sont signés par le Caissier principal, et légalisés par le Directeur.

Les frais de timbre, s'il y a lieu, sont à la charge du déposant.

## Art. 96.

Les dépôts engagés sont renfermés dans la caisse à deux clefs.

## Art. 97.

Les paiements sont faits sur pièces, par le Caissier principal.

Avant qu'une pièce de dépense ne soit payée, il faut :

1° Avoir vérifié la signature, l'identité de la somme en lettres et en chiffres, et les talons, s'il y a lieu ;

2° A l'égard des paiements en compte courant, s'assurer, au préalable, qu'il y a provision suffisante faite par l'ayant-compte à la Banque ;

3° Que la pièce à payer est frappée du mot *contrôlé ;*

4° Enfin, qu'elle soit enregistrée sur la feuille journalière des paiements, et estampillée du mot *payé.*

## Art. 98.

Les dépenses courantes sont acquittées par le Caissier principal, sur les pièces et mémoires arrêtés par le Directeur. Les appointements des employés sont distribués sur un état d'émargement ordonnancé par le Directeur. A la fin de chaque mois, ces divers paiements sont portés en dépenses d'après un état dressé par le Caissier principal, et visé par le Directeur.

## Art. 99.

Le Caissier principal acquitte le montant des avances faites sur dépôt de lingots et monnaies, ou d'effets publics, sur le récépissé précédemment visé par lui, et légalisé par le Directeur.

## Art. 100.

Le récépissé énonce le montant de l'avance à faire, les intérêts à retenir et le net à payer.

## Art. 101.

Le Caissier principal remet chaque jour, au chef de comptabilité, la feuille de contrôle, accompagnée des pièces de dépense classées selon leur nature.

Cette feuille de contrôle est visée par le Caissier principal.

# De la Caisse des Remboursements et Echanges.

## Art. 102.

Le Caissier principal verse, chaque jour, à la caisse des remboursements, les sommes présumées nécessaires au remboursement des billets de la Banque.

### Art. 103.

Le Caissier des remboursements tient, à chaque instant du jour, à la disposition du Caissier principal, les sommes qu'il a reçues, soit en billets remboursés, soit en espèces reçues par voie d'échange contre des billets.

### Art. 104.

Avant d'entrer en fonctions, le Caissier des remboursements est tenu de fournir un cautionnement de 5,000 fr., garantie par une personne solvable.

### Art. 105.

Le caissier des remboursements, les garçons de recette, aides et porteurs à la recette, sont subordonnés au Caissier principal, chargé de la surveillance du service et d'informer le Directeur des infractions au règlement.

A la fin de chaque journée, les garçons de recette sont tenus de remettre au Caissier les sommes reçues et les effets restant à encaisser.

## Des Avances sur Dépôts d'Effets publics.

### Art. 106.

Le Conseil d'administration arrête les conditions auxquelles sont faites les avances sur dépôts d'effets publics, en se conformant à la loi du 17 Mai 1834, et à l'ordonnance royale du 15 Juin suivant. ( *Voir les Pièces* n° 5 *et* 6. )

## Art. 107.

Toute personne qui veut obtenir une avance sur dépôts d'effets publics, en adresse la demande au Directeur, mentionnant :

La somme demandée ;

La nature des effets publics proposés en garantie ;

La valeur de ces effets ;

L'obligation de fournir une couverture, dans le cas de la baisse de ces valeurs, à la Bourse de Rouen ou Paris.

## Art. 108.

La demande doit être soumise au Comité d'escompte, qui statue sur la proposition du Directeur.

## Art. 109.

Si la demande est accordée, les effets publics, transférés au nom de la Banque, sont remis au Caissier principal, qui, après les avoir inscrits sur le *registre des dépôts avec avances,* les transmet au Directeur ; le titre du transfert est ensuite renfermé dant la caisse à deux clefs, conformément à l'art. 88 du présent règlement.

## Art. 110.

Le transfert ou le dépôt étant effectué, le Directeur délivre le mandat de la somme à avancer.

Ce mandat mentionne :

1° La somme à payer ;

2° L'intérêt à retenir ;

3° La somme à rembourser ;

4° La nature et le montant des effets déposés ;

5° L'époque où le remboursement devra être effectué ;

6° L'engagement de fournir une couverture, en cas de dépréciation des effets déposés.

7° L'autorisation, donnée à la Banque, de vendre les effets publics déposés, dans le cas où le remboursement ne serait pas effectué à l'expiration du terme convenu, ou que la couverture ne serait pas fournie. (Art. 10 des Statuts.)

### Art. 111.

A l'échéance convenue, le prêt pourra être renouvelé, avec l'approbation du Comité d'escompte, en se conformant aux formalités prescrites par les articles précédents.

### Art. 112.

Dans le cas où le remboursement n'est pas opéré à l'époque convenue, ou si la couverture n'est pas fournie, la Banque fait vendre, pour le compte des dépositaires, les effets publics déposés. (Art. 10 des Statuts.)

Cette vente aura lieu par le ministère d'un agent de change.

## Des Billets à vue au porteur.

### Art. 113.

Le papier destiné à l'impression des billets est enfermé dans la caisse à deux clefs.

Le nombre des feuilles est désigné sur chaque paquet.

### Art. 114.

Aucune émission de billets ne peut être arrêtée sans un rapport du Comité des billets, institué par l'art. 18 du présent règlement, et l'approbation du Conseil d'administration. (Art. 26 des Statuts.)

### Art. 115.

Lorsqu'une création de billets de 1000, 500 ou 250 fr. (art. 14 des Statuts) est autorisée, le Conseil délègue un employé de la Banque pour surveiller l'impression.

### Art. 116.

Cet employé reçoit du Directeur la quantité de papier à billets nécessaires à l'impression, et les rend par compte ou séries, après l'impression qui est surveillée par cet employé.

### Art. 117.

Les billets *fautés* sont frappés du timbre annulé, à mesure que l'imperfection est constatée ; il sont gardés jusqu'à la fin de l'opération.

### Art. 118.

Lorsque la quantité de billets autorisée est confectionnée, l'employé délégué rend compte de toutes les feuilles qu'il a reçues, soit en billets confectionnés, soit en billets fautés; ces derniers sont immédiatement brûlés par le Directeur, en présence d'un des Membres du Comité.

Il est dressé procès-verbal de cette opération.

### ART. 119.

Les billets entièrement imprimés ou préparés sont enfermés dans la caisse à deux clefs, jusqu'à l'époque de leur signature et émission.

### ART. 120.

Les billets imprimés sont enregistrés sur le livre des impressions, indiquant :

1° La lettre de chaque série, et coupure de la somme ;

2° Les numéros d'ordre ;

3° La date de la création ;

4° Celle de l'émission ;

5° Les noms des signataires ;

6° Les dates de l'annulation et brûlement.

### ART. 121.

Le Conseil d'administation détermine les signatures dont les billets doivent être revêtus, et l'ordre dans lequel ces signatures sont apposées.

### ART. 122.

Lorsque l'émission d'une série de billets est ordonnée, elle est remise au caissier, qui s'en charge en recette.

## Art. 123.

Les billets à annuler sont frappés du mot *annulé*, en présence du Caissier principal et du Directeur.

## Art. 124.

Il en est dressé des états par ordre de série et numéros. Les billets annulés sont vérifiés par le Comité des billets.

## Art. 125.

Les registres sont déchargés des billets rentrés et annulés ; le brûlement en est effectué après vérification faite en Conseil d'administration.

# Des Billets à ordre et à jours de vue.

## Art. 126.

Le Conseil d'administration ou le Comité d'escompte, sur la proposition du Directeur, détermine, selon les circonstances, le nombre de jours de vue auquel les billets à vue seront payables, mais toujours au siége de l'établissement. (Art. 14 des Statuts.) La quotité de la somme à émettre sera également fixée.

## Art. 127.

Les billets à ordre, à jours de vue, sont signés par le Directeur, un Administrateur et un Censeur. Le timbre sera payé par le bénéficiaire.

### Art. 128.

Au moment de leur remboursement, les billets à ordre et à jours du vue, sont frappés du mot *annulé*.

### Art. 129.

Le Directeur dresse et remet chaque jour, au Caissier principal, le bordereau des billets à ordre et à jours de vue qui auront été émis.

Le Caissier des remboursements remet pareillement au Caissier principal le bordereau de ceux de ces billets qui auront été remboursés.

### Art. 130.

Les billets à ordre et à jours de vue qui auront été remboursés, seront déposés à la fin de chaque mois dans les archives, appuyés d'un bordereau certifié par le Caissier principal et visé par le Directeur.

## Régime des Bureaux.

### Art. 131.

Les bureaux et caisses de la Banque sont ouverts au public tous les jours non fériés, depuis 9 heures du matin jusqu'à 3 heures de l'après-midi, sauf le vendredi, où les caisses restent ouvertes jusqu'à 4 heures. (Délibération du Conseil, du 17 Octobre 1837.)

### Art. 132.

Les caissiers et les employés de la Banque sont nommés par le Conseil d'administration, sur la présentation du Directeur. Le Conseil peut les révoquer (art. 26 et 33 des Statuts). En ce qui concerne le personnel des caisses, le Directeur prendra l'avis du Caissier principal. (*Voir la Pièce* n° 2. )

## Art. 133.

Nul employé ne peut quitter son poste qu'après la mise à jour, et avoir rendu compte du travail ou des opérations qui lui sont confiées.

Il ne pourra s'éloigner de Rouen, même les jours fériés, sans une autorisation par écrit du Directeur. Tout employé qui se sera absenté sans y être autorisé, sera réputé démissionnaire.

Chaque employé est responsable envers la Banque, des erreurs, négligences et pertes provenant de son fait.

## Art. 134.

Les employés sont subordonnés au Caissier principal ou au Chef de comptabilité, sous les ordres desquels ils sont placés respectivement. Le Directeur est informé sans délai, par le Caissier principal et le Chef de comptabilité, des déficits à la recette, négligences et infractions aux règlements.

## Service extérieur.

## Art. 135.

La Banque envoie recevoir le montant des effets qu'elle fait encaisser, le jour de l'échéance, ou la veille, si ce jour est férié.

### Art. 136.

Dès l'ouverture des bureaux, le Caissier principal répartit, entre les garçons de recette, les effets dont ils sont chargés de faire le recouvrement.

Ces effets leur sont remis, accompagnés d'un bordereau énonçant la somme et le nom du débiteur de chaque effet. Le Caissier principal ne pourra, sous sa responsabilité personnelle, mettre à la disposition de chaque garçon de recette un bordereau dépassant **100,000 fr.**

### Art. 137.

Les garçons de recette commencent leurs courses à 8 heures du matin, et les continuent jusqu'à 4 heures de l'après-midi en hiver, et jusqu'à 6 heures pendant les 6 mois d'été.

Ils restent alors à la Banque, et rendent leurs comptes au Caissier principal.

### Art. 138.

Ils ne se présentent qu'une fois chez les débiteurs des effets.

En cas de non-paiement, les garçons de recette laissent un bulletin au domicile du débiteur de l'effet, indiquant la somme et l'échéance de l'effet présenté, le numéro du bureau de la Banque où le paiement devra être effectué.

### Art. 139.

A l'heure indiquée par le bulletin, si la somme n'a pas été versée à la Banque, l'effet sera mis au protêt.

## Art. 140.

Les garçons de recette ne peuvent recevoir, en paiement des effets dont ils sont porteurs, aucun autre effet, pas même sur la Banque.

## Art. 141.

Il leur est interdit de faire, dans leurs courses, des échanges d'espèces contre des billets de la Banque, ou de billets contre espèces; il sont tenus de rendre compte au Caissier principal des valeurs, telles qu'ils les ont reçues pendant leur tournée.

## Art. 142.

Le concierge rend compte au Directeur des infractions faites à la consigne, par les militaires du postè, chargés de la sûreté extérieure de la Banque.

# Sûreté intérieure.

## Art. 143.

La surveillance de la porte d'entrée est confiée à un concierge.

Il surveille toutes les personnes qui entrent à la Banque, et leur indique les bureaux où elles ont besoin.

Il est chargé du service intérieur des bureaux, en ce qui concerne la propreté, l'éclairage et le chauffage.

Il ouvre et ferme la porte d'entrée de l'hôtel, et s'assure de la clôture des portes et grilles, des caisses et bureaux, aux heures prescrites par les règlements.

Il parcourt, chaque soir, toutes les localités de l'hôtel, pour s'assurer que tout y est en bon état de sécurité.

Le concierge ne pourra jamais quitter son poste, sans la permission du Directeur.

## Art. 144.

Les garçons de recette, leurs aides et le concierge, portent, pour marque distinctive, sur le côté gauche de la poitrine, une plaque de métal blanc, de forme ovale, de la hauteur de 8 centimètres, et de 6 centimètres de largeur, portant en gros caractères gravés : *Banque de Rouen.*

## Art. 145 et dernier.

Le concierge sera toujours muni de sa plaque ; les garçons de recette recevront chaque jour la leur du Caissier principal, et la lui remettront au moment de la clôture des bureaux.

## N° 1<sup>ER</sup>.

# *Extrait de la loi du 24 Germinal an XI*
# *( 14 Avril 1803 ).*

### ARTICLE PREMIER.

L'Association formée à Paris, sous le nom de *BANQUE DE FRANCE,* aura le privilége exclusif d'émettre des Billets de Banque, aux conditions énoncées dans la présente loi.

### Art. 30.

La Caisse d'escompte du Commerce, le Comptoir commercial, la Factorerie, et autres Associations qui ont émis des Billets à Paris, ne pourront, à dater de la publication de la présente, en créer de nouveaux, et seront tenus de retirer ceux qu'ils ont en circulation, d'ici au 1<sup>er</sup> Vendémiaire prochain.

### Art. 32.

Aucune opposition ne sera admise sur les sommes en comptes-courants dans les Banques autorisées.

6

## Art. 34.

Les actions judiciaires, relatives aux Banques, seront exercées au nom des Régents, poursuites et diligences de leur Directeur général.

## Art. 36.

Les fabricateurs de faux-billets, soit de la *Banque de France*, soit des Banques de départements, et les falsificateurs de Billets émis par elles, seront assimilés aux faux-monnoyeurs, poursuivis, jugés et condamnés comme tels.

# N<sup>o</sup> 2.

*Extrait de la loi du 22 Avril 1806, relative
à la Banque de France.*

Art. 21.

Le Conseil d'État connaîtra, sur le rapport du Ministre des Finances, des infractions aux lois et réglements qui régissent la Banque, et des contestations relatives à sa police et administration intérieure.

Le Conseil d'État prononcera de même définitivement, et sans recours, entre la Banque et les Membres de son Conseil général, ses agents ou employés, toute condamnation civile, y compris les dommages et intérêts, et même, soit la destitution, soit la cessation des fonctions.

Toutes autres questions seront portées aux tribunaux qui doivent en connaître.

( *Voir* les Statuts de la Banque de Rouen, art. 5 supplémentaire. )

## N° 3.

# BANQUE DE ROUEN.

*Ordonnance du Roi.*

LOUIS, par la grâce de Dieu, Roi de France et de Navarre ;

A tous ceux qui ces présentes verront, Salut :

Sur le rapport de notre Ministre Secrétaire d'État au département de l'Intérieur ;

Notre Conseil d'État entendu, nous avons ordonné et ordonnons ce qui suit :

Vu le mémoire présenté par des Négociants, Manufacturiers et Capitalistes de Rouen, tendant à obtenir l'autorisation exigée par l'article 37 du Code de Commerce, pour se constituer en Société anonyme, sous le nom de *Banque de Rouen*, à l'effet de remplacer le Comptoir d'Escompte que la Banque de France supprime dans cette ville.

Vu l'acte de Société adopté par les Sociétaires et rédigé en acte public, par-devant Lequesne et son collègue, Notaires à Rouen, le 26 Mars 1817, y compris les modifications insérées en quatre articles à la fin dudit acte.

Vu l'avis du Préfet de la Seine-Inférieure.

Vu les articles 29, 30, 31, 32, 33, 34, 35, 36, 37, 40 et 45 du Code de Commerce.

Vu la loi du 14 avril 1803.

## ARTICLE PREMIER.

La Société anonyme, sous le nom de *Banque de Rouen*, formée dans cette Ville, pour y remplacer le Comptoir d'escompte de la Banque de France, est et demeure autorisée, conformément aux Statuts délibérés par les Actionnaires, le 26 Mars 1817, lesquels demeureront annexés à la présente ordonnance.

### Art. 2.

Notre Ministre Secrétaire d'État au département de l'Intérieur est chargé de l'exécution de la présente ordonnance, qui sera insérée au *Bulletin des Lois.*

Donné en notre Château des Tuileries, le 7 Mai l'an de grâce 1817, et de notre règne le xxiiᵉ.

*Signé* LOUIS.

Par le Roi :

*Le Ministre Secrétaire d'État au département de l'Intérieur,*

*Signé* LAINÉ.

Pour ampliation :

*Le Secrétaire général du Ministère de l'Intérieur, par intérim, Chef de la deuxième division,*

*Signé* DE LESCARÈNE.

Pour copie conforme, à transmettre à M. le Maire de la Ville de Rouen,

Rouen, le 28 Mai 1817,

*Le Conseiller de Préfecture, Secrétaire général, Chevalier de l'Ordre royal de la Légion d'honneur,*

*Signé* LEFEBVRE.

# N° 4.

## *Ordonnance du Roi.*

CHARLES, par la grâce de Dieu, Roi de France et de Navarre, à tous ceux qui ces présentes verront, Salut :

Sur le rapport de notre Ministre Secrétaire d'État au département de l'Intérieur ;

Vu l'ordonnance royale du 7 mai 1817, portant autorisation de la Société anonyme dite de la *Banque de Rouen ;*

Vu l'article des Statuts approuvés par ladite ordonnance, portant que la durée de la Société est fixée à neuf ans, sauf renouvellement ;

Considérant que le terme de ladite Société arrive au 16 août de la présente année ;

Vu les articles 29 et 37, 40 et 45 du Code de Commerce ;

Vu la loi du 14 avril 1803 ;

Notre Conseil d'État entendu ,

Nous avons ordonné et ordonnons ce qui suit :

### ARTICLE PREMIER.

La Société anonyme de la Banque de Rouen, renouvelée par acte passé le 4 février dernier, par-devant M<sup>e</sup> Lequesne et son collègue, notaires à Rouen, est approuvée ; ses Statuts, tels qu'ils ont été homologués par l'ordonnance royale du 7 mai 1817, et les articles additionnels contenus dans l'acte précité, sont autorisés ; ledit acte seulement restera annexé à la présente ordonnance.

### Art. 2.

Nous nous réservons de révoquer la présente autorisation, en cas de violation ou de non-exécution des Statuts.

### Art. 3.

La Société sera tenue de remettre, tous les six mois, une copie de son état de situation au Préfet du département de la Seine-Inférieure, au greffe du Tribunal de Commerce, à la Chambre de Commerce de Rouen ; pareille copie sera envoyée à notre Ministre de l'Intérieur.

### Art. 4.

Notre Ministre Secrétaire d'État de l'intérieur est chargé de l'exécution de la présente ordonnance, qui sera publiée au *Bulletin des Lois,* au *Moniteur* et dans un Journal d'annonces judiciaires du département de la Seine-Inférieure.

Donné en notre château de Saint-Cloud, le 7 Juin de l'an de grâce 1826 et de notre règne le II<sup>e</sup>.

*Signé* CHARLES,

Par le Roi.

Le Ministre Secrétaire d'état au département de l'Intérieur,

*Signé* CORBIÈRE.

Pour ampliation :

*Le Conseiller d'État, Secrétaire général du Ministère de l'Intérieur,*

*Signé* Baron CAPELLE.

Pour expédition conforme, à transmettre à Monsieur le Président de la Banque de Rouen.

*Le Secrétaire général de la Préfecture,*

*Signé* Ch. WALKENAER.

# N° 5.

# *Loi du 17 Mai 1834, relative à la législation qui régit la Banque de France.*

———◦◦———

## ARTICLE PREMIER.

Le fonds de réserve à maintenir par la Banque de France sur ses bénéfices acquis, aux termes de l'article 8 de la loi du 24 Germinal an XI ( 14 Avril 1803 ), et de l'article 4 de la loi du 22 avril 1806, est et demeure fixé à la somme de dix millions, représentés par cinq cent mille francs de rente, cinq pour cent, indépendamment de la portion dudit fonds de réserve employée à l'achat de l'hôtel de la Banque et aux constructions qu'elle y a ajoutées.

### Art. 2.

A l'avenir, les bénéfices nets de la Banque de France ne seront sujets à d'autres retenues que celles qui deviendraient nécessaires pour remplacer les prélèvements qu'il y aurait eu lieu d'opérer sur la réserve, et pour la maintenir à la somme déterminée par l'article 1er ci-dessus.

### Art. 3.

La faculté accordée à la Banque de France, par l'article 16 des Statuts du 16 janvier 1808, est étendue à tous les effets publics français, sans que la condition d'une échéance fixe soit obligatoire.

7

## Art. 4.

Les dispositions générales qui règleront le mode d'exécution de l'article 3 ci-dessus, devront être approuvées par une ordonnance royale.

## Art. 5.

Les propriétaires d'actions immobilisées de la Banque de France, qui voudront rendre à ces actions leur qualité première d'effets mobiliers, seront tenus d'en faire la déclaration à la Banque. Cette déclaration, qui devra contenir l'établissement de la propriété des actions en la personne du réclamant, sera transcrite au bureau des hypothèques de Paris, et soumise, s'il y a lieu, aux formalités de purge légale auxquelles les contrats de vente immobilière sont assujétis.

Le transfert de ces Actions ne pourra être opéré qu'après avoir justifié à la Banque de l'accomplissement des formalités voulues par la loi, pour purger les hypothèques de toute nature, et d'un certificat de non-inscription.

## Art. 6.

Sont abrogées toutes dispositions contraires à celles de la présente loi.

# N° 6.

## *Ordonnance royale.*

( 15 JUIN 1834. )

*Ordonnance du Roi, qui règle le mode d'exécution de l'art. 3 de la loi du 17 Mai 1834, par lequel la* BANQUE DE FRANCE *est autorisée à faire des Avances sur Effets publics français à échéance non déterminée.*

LOUIS-PHILIPPE, etc.

Vu l'art. 16 du décret du 16 Janvier 1808 ;

Vu l'art. 3 de la loi du 17 Mai dernier, qui étend aux Effets publics français, dont l'échéance n'est pas déterminée, la faculté accordée à la *Banque de France* par l'art. 16 de ses Statuts fondamentaux ;

Vu l'art 4 de la même loi, qui statue que les dispositions générales qui régleront le mode d'exécution de l'art. 3, seront approuvées par Ordonnance royale ;

Sur le rapport de notre Ministre Secrétaire d'État des Finances, etc.

### ARTICLE PREMIER.

Le Conseil général de la *Banque de France* fixera, lors de sa première réunion de chaque semaine, la somme qui pourra être employée à des Avances sur Effets publics français, à échéance non déterminée.

### ART. 2.

L'Avance ne pourra excéder les quatre cinquièmes de la valeur des Effets présentés, d'après leur cours au comptant, la veille du jour où l'Avance sera faite. Ces Effets seront immédiatement transférés à la Banque.

### Art. 3.

L'emprunteur souscrira, envers la Banque, l'engagement de rembourser, dans un délai qui ne pourra excéder trois mois, les sommes qui lui auront été fournies.

### Art. 4.

Cet engagement contiendra, en outre, de la part de l'emprunteur, l'obligation de couvrir la Banque du montant de la baisse qui pourrait survenir dans le cours des Effets par lui transférés, toutes les fois que cette baisse atteindra dix pour cent.

### Art. 5.

Faute par l'emprunteur de satisfaire à l'engagement souscrit, en vertu des art. 3 et 4 ci-dessus, la Banque aura le droit de faire vendre à la bourse, par le ministère d'un agent de change, tout ou partie des Effets qui lui auront été transférés, savoir :

1° A défaut de couverture, trois jours après une simple mise en demeure, par acte extra-judiciaire ;

2° A défaut de remboursement, dès le lendemain de l'échéance, sans qu'il soit besoin de mise en demeure ni d'aucune autre formalité.

La Banque se remboursera, sur le produit net de la vente, du montant de ses Avances en capital, intérêts et frais. Le surplus, s'il y en a, sera remis à l'emprunteur.

Ces conditions seront exprimées et consenties par l'emprunteur dans l'engagement prescrit par les art. 3 et 4 ci-dessus.

### Art. 6.

Notre Ministre des Finances ( M. Humann ) est chargé, etc.

# N° 7.

## *Ordonnance royale.*

( PARIS, LE 14 JUIN 1840. )

——

LOUIS-PHILIPPE, Roi des Français,

A tous présents et à venir, Salut.

Sur le rapport de notre Ministre Secrétaire d'État au département de l'Agriculture et du Commerce ;

Vu l'article 31 de la Loi du 24 Germinal an XI ;

Les articles 29 à 37, 40 et 45 du Code de Commerce ;

Les Ordonnances royales du 7 Mai 1817 et 7 Juin 1826, qui ont autorisé et privilégié la *Banque de Rouen ;*

Vu la délibération unanime de l'Assemblée générale des Actionnaires de ladite *Banque,* du 5 Janvier 1836, demandant le renouvellement de la *Banque* et de son privilége pour vingt ans, à partir du terme de l'Association actuelle qui expirera, conformément aux ordonnances ci-dessus visées, le 31 Décembre 1841 ;

Vu deux actes passés par-devant Mᵉ Guesviller et son Collègue, Notaires à Rouen, les 31 Décembre 1839 et 29 Avril 1840, en confirmation de la délibération ci-dessus, l'un renfermant une nouvelle rédaction des Statuts proposés par la Banque, l'autre, l'adhésion des Actionnaires qui n'avaient point concouru à l'Assemblée générale du 5 Janvier 1836 ;

Vu les avis de notre Ministre des Finances, du 27 Mars 1840 ;

Notre Conseil d'État entendu, nous avons ordonné et ordonnons ce qui suit :

## ARTICLE PREMIER.

L'autorisation et le Privilége de la Banque de Rouen, sont provisoirement prorogés, sans innovations de ses Statuts, jusqu'au 31 Décembre 1843.

### Art. 2.

Le surplus de la demande de la Banque de Rouen, quant à sa prolongation à plus long terme et à l'approbation de nouveaux Statuts, est réservé pour y être ultérieurement pourvu, et dans la forme qu'il appartiendra.

### Art. 3.

Nos Ministres Secrétaires d'État aux départements de l'Agriculture et du Commerce, et des Finances, sont chargés, chacun en ce qui le concerne, de l'exécution de la présente ordonnance, qui sera publiée au *Bulletin des Lois*, insérée au Moniteur et dans un Journal d'annonces judiciaires du département de la Seine-Inférieure.

Fait au palais des Tuileries, le quatorze Juin mil huit cent quarante.

*Signé* LOUIS-PHILIPPE.

Par le Roi :

*Le Ministre Secrétaire d'État au département de l'Agriculture et du Commerce,*

*Signé* A. GOUIN.

# Nº 8.

## *Loi portant prorogation du privilége de la Banque de France.*

Au palais de Neuilly, le 30 Juin 1840.

LOUIS-PHILIPPE, Roi des Français, à tous présents et à venir, salut.

Nous avons proposé, les Chambres ont adopté, nous avons ordonné et ordonnons ce qui suit :

### ARTICLE PREMIER.

Le privilége conféré à la Banque de France par les lois des 24 germinal an XI et 22 avril 1806, est prorogé jusqu'au 31 décembre 1867.

Néanmoins, il pourra prendre fin ou être modifié le 31 décembre 1855, s'il en est ainsi ordonné par une loi votée dans l'une des deux sessions qui précéderont cette époque.

Art. 2.

Le capital de la Banque de France représenté par soixante-sept mille neuf cents actions de mille francs chacune, ne pourra être augmenté ou diminué que par une loi spéciale.

Art. 3.

Les effets publics français de toute nature pourront être admis comme garantie dans le cas prévu par l'art. 12 du décret du 16 janvier 1808.

## Art. 4.

Les escomptes de la Banque auront lieu tous les jours , excepté les jours fériés.

## Art. 5.

Le Ministre des Finances publiera, tous les trois mois, un état de la situation moyenne de la Banque pendant le trimestre écoulé.

Il publiera tous les six mois le résultat des opérations du semestre et le règlement du dividende.

## Art. 6.

Les Comptoirs d'escompte de la Banque de France ne pourront être établis ou supprimés qu'en vertu d'une ordonnance royale rendue sur la demande de son Conseil général, dans la forme des règlements d'administration publique.

## Art. 7.

Pourront être autorisées par des ordonnances rendues dans la même forme, et sur la proposition du Conseil général de la Banque, les modifications qu'il serait nécessaire d'apporter aux dispositions du décret du 18 mai 1808, sauf toutefois les articles 42 et 43 dudit décret, qui ne pourront être modifiés que par une loi.

## Article 8.

Aucune Banque départementale ne pourra être établie qu'en vertu d'une loi.

Les Banques existantes ne pourront obtenir que par une loi la prorogation de leur privilége ou des modifications à leurs statuts.

## Art. 9.

A dater de la promulgation de la présente loi, les droits de timbre à la charge de la Banque seront perçus sur la moyenne des billets au porteur ou à ordre qu'elle aura tenus en circulation pendant le cours de l'année.

A partir du 1er janvier 1841, le même mode de perception sera appliqué aux Banques autorisées dans les départements.

La présente loi, discutée, délibérée et adoptée par la Chambre des Pairs et par celle des Députés, et sanctionnée par nous cejourd'hui, sera exécutée comme loi de l'État.

Donnons en mandement à nos Cours et Tribunaux, Préfets, Corps administratifs, et tous autres, que les présentes ils gardent et maintiennent, fassent garder, observer et maintenir, et, pour les rendre plus notoires à tous, ils les fassent publier et enregistrer partout où besoin sera ; et, afin que ce soit chose ferme et stable à toujours, nous y avons fait mettre notre sceau.

Fait au Palais de Neuilly, le 30e jour du mois de juin, l'an 1840.

Signé LOUIS-PHILIPPE.

Par le Roi :

*Le Pair de France, Ministre Secrétaire d'État*
*au département des Finances,*

Signé PELET ( de la Lozère ).

Vu et scellé du grand sceau :

*Le Garde des sceaux de France, Ministre Secrétaire d'État*
*au département de la Justice et des Cultes,*

Signé VIVIEN.

# N° 9.

# PROJET DE LOI

*Portant prorogation jusqu'au 31 décembre 1863
du privilége de la Banque de Rouen,*

## Précédé de l'exposé des Motifs

PRÉSENTÉ

## PAR M. LE MINISTRE DE L'AGRICULTURE ET DU COMMERCE.

Messieurs,

L'art. 8 de la loi du 30 Juin 1840 porte qu'aucune Banque départementale ne pourra être établie qu'en vertu d'une loi, et que les Banques existantes ne pourront obtenir, que par une loi, la prorogation de leur privilége ou des modifications à leurs Statuts.

C'est en exécution de ces dispositions que nous venons soumettre à vos délibérations un projet de loi, à l'effet de proroger jusqu'au 31 Décembre 1863 le privilége de la Banque de Rouen.

Lorsque la Banque de France supprima le Comptoir d'escompte qu'elle avait établi dans cette ville, une Banque locale y fut instituée par une Société anonyme, dont les Statuts furent approuvés le 7 Mai 1817. La durée de cet Établissement fut fixée à neuf années.

A l'expiration de ce terme, une Ordonnance royale du 7 Juin 1826, prorogea la durée du privilége de la Banque jusqu'au 31 Décembre 1841, en approuvant quelques modifications introduites dans les Statuts.

Les Ordonnances des 7 Mai 1817 et 7 Juin 1826, ont été rendues en exécution de la loi du 24 Germinal an XI, portant qu'aucune Banque ne pourra se former dans les départements qu'avec l'autorisation du Gouvernement ; et lorsque la Banque de Rouen, arrivant à son terme, demanda le renouvellement de son privilége, tout était préparé pour le lui accorder. Mais la discussion de la loi du 30 Juin 1840 ayant révélé l'intention des Chambres, de réserver cette matière au domaine législatif, le Gouvernement crut devoir s'abstenir, et s'est borné à proroger provisoirement jusqu'au 31 Décembre 1843, par une Ordonnance royale du 14 Juin 1840, l'autorisation et le privilége de la Banque de Rouen.

Aujourd'hui vous avez à statuer sur la demande de cette Banque.

La Banque de Rouen s'est établie en l'an VI. Ce ne fut d'abord qu'une association libre formée par quelques négociants, dans le but de mettre un frein aux désordres de l'agiotage, et de soustraire la fabrique aux exigences de l'usure. La création d'un Établissement d'escompte jouissant d'un crédit solide, ramena immédiatement la confiance, donna de la régularité aux paiements, et fit baisser le cours de l'argent.

Cette association expirait le 31 Mars 1807 ; elle allait se renouveler, lorsqu'un décret du 24 Juin 1808 autorisa la Banque de France à créer à Rouen un Comptoir d'escompte ; mais cet établissement, formé sur une base trop large pour les besoins du commerce, ne put trouver, dans le mouvement des affaires, un aliment proportionné à ses dépenses, et il fut supprimé après des pertes considérables.

Malgré cet événement, une Banque locale fut immédiatement organisée. La ville de Rouen avait joui pendant dix-neuf ans des facilités que les Banques apportent dans les transactions commerciales, et elle s'était habituée et attachée à cette institution.

Autorisée le 7 Mai 1817, la nouvelle Banque se mit sans délai en activité, et, grâces à la sagesse et à la prudence de sa gestion, elle a pu, non seulement traverser sans embarras plusieurs crises commerciales, qui, de 1817 à 1826, sont venues frapper la fabrique de Rouen, mais encore en tempérer les effets, et en limiter les inconvénients.

Aussi, le renouvellement du privilége de la Banque, en 1826, s'opéra-t-il sans opposition, et la Chambre de Commerce, qui, en 1816, émettait encore quelques doutes sur le succès de l'institution, était unanime pour déclarer que l'expérience du passé répondait en faveur de cet établissement, qui, bien administré comme il l'avait été jusqu'alors, continuerait de rendre des services importants à la place et au commerce de Rouen. On peut voir, d'ailleurs, quels services la Banque a rendus au commerce pendant chacune des trois périodes de son existence.

Dès la première année, en 1798, le montant des valeurs escomptés avait été de f. 4,091,000, et, successivement, l'importance de ces valeurs s'était élevée à huit, onze, dix-neuf et vingt et un millions.

Pendant les neuf années de la seconde période (de 1817 à 1826) 97,603 effets furent admis à l'escompte; ils représentaient une somme de 164,621,528 f. 92, et la moyenne en porte-feuille des effets escomptés de f. 2,017,900 f. pour 1818, s'était élevée en 1826 à f. 3,009,300.

Dans la troisième période, expirant au 31 Décembre 1843, le mouvement des comptes fut encore plus considérable. — En 1827, 9,694 effets s'élevant à une valeur de 17,429,254 f. 56, furent reçus à l'escompte. — En 1840, ce chiffre se trouvait triplé, et, pendant cette année, 27,640 effets, d'une valeur totale de 52,425,389 f. 33, furent admis et escomptés.

De 1817 à 1826, l'échéance moyenne des effets admis à l'escompte a été, pour la plus longue échéance, de soixante-quinze jours, et de cinquante-huit jours pour la plus courte. Pendant le même espace de temps, le produit de l'escompte, dont le taux était alors de 5 et 4 1/2 p. °/₀, avait été communément de f. 140,099.49; mais, depuis 1827, le taux de l'escompte ayant été abaissé à 4 p. °/₀, le produit ne fut, année moyenne, que de f. 129,854.50. — En 1840, il s'est élevé à

f. 345,554.60. De 1827 à 1840, le terme moyen des effets escomptés n'a pas dépassé soixante-trois jours, et n'a pas été de moins de cinquante-deux jours.

A l'expiration de la première période (en 1806), la masse des billets en circulation était de deux millions. Lorsque la Banque fut reconstituée, en 1817, elle ne put émettre, la première année, que pour 232,500 f. de billets. — En 1826, les billets en circulation dépassaient f. 2,150,000; à la fin de 1840, ils s'élevaient à f. 6,471,500.

Ces renseignements constatent quelle place la Banque de Rouen occupe dans le mouvement des affaires industrielles du département. Aussi, le Gouvernement, à l'expiration du privilége de cette Banque, n'a-t-il pas mis un seul instant en question la convenance de son renouvellement.

Les Statuts de la Banque de Rouen remontent à 1817; quelques modifications y ont été apportées en 1826; mais ces modifications incomplètes avaient laissé subsister, dans la charte de cet établissement, des dispositions qu'un examen plus attentif a fait disparaître de celles des Banques plus récemment autorisées. Le renouvellement du privilége de la Banque de Rouen appelait naturellement la révision de ses Statuts, et cet acte a été mis en harmonie avec la constitution des Banques de Lyon, Marseille, Lille, le Havre, Toulouse, Orléans, Dijon.

La Banque, à son début, avait un capital d'un million, mais les Statuts donnaient à l'Assemblée générale le droit d'élever ce capital, en émettant de nouvelles actions, et des élévations ultérieures le portèrent successivement à f. 1,250,000, 1,500,000, 2,000,000 et 2,500,000. Les Statuts joints au premier projet de loi le maintiennent à ce taux, et l'expérience du passé tend à prouver que ce capital, sans grever l'établissement d'une charge d'intérêts trop considérables, suffit, dans les limites de la fonction propre au capital d'une Caisse d'escompte, et de dépôts, aux besoins de la Banque de Rouen.

Les opérations auxquelles la Banque peut se livrer sont déterminées par les art. 6 et suivants des Statuts; elles consistent :

1° Dans l'escompte des lettres de change et autres effets de commerce à ordre, et payables à Rouen et autres villes du département de la Seine-Inférieure, à Paris et à Louviers;

2° Dans l'encaissement gratuit, pour le compte des particuliers et des établissements publics, des effets de commerce qui lui seront remis;

3° Dans l'ouverture de comptes courants sans intérêts, et dans le paiement gratuit de tous mandats et assignations, jusqu'à concurrence des sommes encaissées au crédit des titulaires des comptes courants;

4° Dans la tenue d'une Caisse de dépôts volontaires pour la conservation des titres, lingots, monnaies, et matières d'or ou d'argent, de toute espèce; et l'avance de fonds, tant sur le dépôt des lingots et matières d'or ou d'argent, que sur celui des effets publics français, conformément à la Loi du 17 Mai 1834, et à l'Ordonnance royale du 15 Juin suivant.

L'échéance des effets admis à l'escompte est limitée à quatre-vingt-dix jours : Sont seuls admis à l'escompte les effets revêtus de la signature de trois personnes au moins, notoirement solvables, dont une domiciliée à Rouen; la troisième signature pouvant être remplacée par un transfert d'effets publics français, ou d'obligations de la ville de Rouen. Enfin, le taux de l'escompte, nécessairement variable suivant les circonstances, est réglé par le Conseil d'administration.

La quotité des billets payables au porteur et à vue, que la Banque est autorisée à émettre, est fixée à f. 1,000, 500 et 250, conformément à l'art. 32 de la loi du 24 Germinal an XI. La faculté d'émettre des billets de 250 francs est nécessaire aux Banques départementales en général, et, en particulier, à la Banque de Rouen, dont les relations journalières avec le commerce et la fabrique comportent l'emploi de billets d'une coupure de moins de 500 francs.

Les Statuts primitifs de la Banque de Rouen portaient que l'émission des billets, cumulés avec le montant des sommes dues par la Banque dans ses comptes courants, ne pourrait jamais excéder le triple du capital des actions du fonds social. Cette limite ainsi posée avait mis la Banque dans l'obligation d'élever successivement son capital au chiffre de f. 2,500,000, et elle y avait été conduite par la nécessité de proportionner les émissions de billets avec les besoins du service des escomptes, et afin de n'être pas réduite à faire ce service en numéraire avant que la circulation fût, sinon saturée, au moins complètement satisfaite ; inconvénient qu'elle ne put pas toujours éviter, et qui, plus d'une fois, l'a obligée à l'escompte des effets de son porte-feuille, et à des transports onéreux d'espèces.

Les nouveaux Statuts ont substitué, conformément à ce qui a été réglé pour les autres Banques, à une limite fixe, une règle flexible, qui, sans diminuer la garantie, se prête facilement à toutes les variations résultant du mouvement des affaires. — L'art. 15 dispose que le montant des billets en circulation, cumulé avec celui des sommes dues par la Banque, en comptes courants, et payables à volonté, ne pourra excéder le triple du numéraire existant matériellement en Caisse, et que, dans aucun cas, l'excédant du passif payable à vue sur le numéraire en Caisse ne pourra excéder le quadruple du capital social. Ainsi, la proportion entre le numéraire en Caisse et le passif payable à vue pourra n'être que d'un tiers. En prenant pour base le capital de f. 2,500,000, un en-caisse de 5 millions suffira pour contre-balancer un passif de f. 15,000,000, attendu que cette dernière somme, diminuée de 5 millions d'en-caisse, n'excédera pas le quadruple du capital social, ou 10 millions. — Au-delà, l'en-caisse devra s'augmenter, ou il sera nécessaire de restreindre progressivement les escomptes, de manière à ramener la masse des billets en circulation dans les limites du maximum déterminé par le passif exigible.

Au fond, les Banques, telles qu'elles sont constituées en France, n'émettant de billets que pour les escomptes qu'elles font, reçoivent en contre-valeur les effets escomptés, et ne créent ainsi de passif que dans une proportion qui ne dépasse pas le montant de ces effets, et qui, même, y est inférieure de toute la prime d'escompte que les Banques retiennent légitimement.

Il en résulte que, si ces établissements sont sagement administrés ; si les émissions de billets sont maintenues dans les limites des besoins de la circulation, ou de la confiance des preneurs ; si les effets escomptés sont choisis avec sévérité, et revêtus de plusieurs signatures; si leur échéance moyenne est généralement courte; si les débiteurs sont peu éloignés du siége des opérations , les chances de pertes pourront être, sinon entièrement évitées, au moins extrêmement réduites, et il n'est pas à craindre que le capital de la Banque, sur-gage des billets en circulation, soit suffisant, avec le produit des escomptes, pour couvrir en fin de comptes les pertes inévitables.

Il importe donc , en imposant les conditions nécessaires pour maintenir une proportion raisonnable entre le numéraire existant matériellement en Caisse, et le passif payable à vue, de ne pas exagérer les garanties; car, toute garantie se paie , et il est à considérer que Rouen , placé à quelques heures de Paris, se trouve, sous ce rapport, dans une condition spéciale qui permet de considérer le capital de f. 2,500,000, comme suffisant pour répondre aux diverses éventualités qui pourraient se produire.

Telles sont, en substance, les principales dispositions des Statuts destinés à régir cet établissement ; dispositions concertées entre les départements des Finances , et celui de l'Agriculture et du Commerce, et qui, suivant le mode prescrit par l'art. 37 du Code de Commerce, pour les Statuts des Sociétés anonymes, ont été délibérées en Conseil-d'État, acceptées par les parties intéressées , et viennent d'être provisoirement approuvées par Ordonnance royale.

Il convient, en effet, de distinguer, dans la constitution des Banques, ce qui concerne la concession du privilége , de la formation des Sociétés destinées à l'exploiter.

La loi du 30 Juin 1840 a replacé dans le domaine législatif l'institution des Banques départementales, que la loi du 24 Germinal an XI avait attribuée au pouvoir exécutif; mais, il n'a été apporté aucune dérogation spéciale aux dispositions du Code de Commerce, qui régissent les Sociétés anonymes, et qui veulent que l'autorisation de ces Sociétés, et l'approbation de leurs Statuts, soient données par le Roi, dans la forme des règlements d'administration publique.

C'est d'après cette distinction, qu'a été rendue, à l'instar de ce qui se pratique pour les entreprises de chemins de fer, l'Ordonnance royale du 6 Mai dernier, qui, provisoirement, autorise la Société et approuve les Statuts de la Banque de Rouen, en subordonnant, pour les intéressés, le bénéfice de cet acte au vote de la loi de concession du privilége.

L'art. 1er de cette loi fixe à vingt années la durée de cette concesssion ; l'art 2 vise les Statuts approuvés, qui ne pourront ainsi être modifiés que par une nouvelle Ordonnance, subordonnée, comme la première, à la sanction législative. Enfin, l'art. 3 soumet à une surveillance spéciale les opérations de la Banque, et met à sa charge les frais de cette surveillance.

—◦—

# Projet de Loi.

LOUIS-PHILIPPE, Roi des Français, à tous présents et à venir, salut.

Nous avons ordonné et ordonnons que le projet de loi dont la teneur suit, sera présenté, en notre nom, à la Chambre des Députés, par notre Ministre Secrétaire d'État au département de l'Agriculture et du Commerce, que nous chargeons d'en exposer les motifs, et d'en soutenir la discussion.

## ARTICLE PREMIER.

Le Privilége de la Banque de Rouen, constitué en exécution de la loi du 24 Germinal an XI, par les Ordonnances royales du 7 Mai 1817, 7 Juin 1826 et 14 Juin 1840, est prorogé jusqu'au 31 Décembre 1863.

## Art. 2.

La Banque sera administrée par la Société anonyme autorisée par l'Ordonnance royale du 6 Mai 1841 , et conformément aux Statuts approuvés par ladite Ordonnance.

ART. 3.

La Banque sera soumise à une surveillance spéciale dont les formes seront déterminées par une Ordonnance royale, et dont les frais, réglés par la même Ordonnance , resteront, à la charge de la Société.

Fait au Palais des Tuileries , le 6 Mai 1841.

*Signé* LOUIS-PHILIPPE.

Par le Roi :

*Le Ministre Secrétaire d'Etat au Département de l'Agriculture et du Commerce ,*

*Signé* CUNIN-GRIDAINE.

# *Ordonnance du Roi.*

LOUIS-PHILIPPE, Roi des Français, à tous présents et à venir, salut.

Sur le rapport de notre Ministre Secrétaire d'Etat au département de l'Agriculture et du Commerce ;

Vu les art. 29 à 37, 40 et 45 du Code de Commerce ;

Vu l'Ordonnance royale du 7 Mai 1817, portant autorisation de la Société anonyme de la Banque de Rouen , et les Ordonnances royales des 5 Juin 1826 et 14 Juin 1840 , qui ont prorogé la durée de cette Société jusqu'au 31 Décembre 1843.

Vu la demande formée par l'Assemblée générale des Actionnaires de ladite Société, à l'effet d'obtenir une nouvelle prorogation ;

Vu l'art. 8 de la loi du 30 Juin 1840 ;

Notre Conseil d'État entendu ;

Nous avons ordonné et ordonnons ce qui suit :

## ARTICLE PREMIER.

La Société anonyme de la Banque de Rouen est autorisée pour une nouvelle période de vingt années, à partir du 1er Janvier 1844.

Sont approuvés les nouveaux Statuts de ladite Société, tels qu'ils sont contenus dans l'acte passé, le 3 Mai 1841, par-devant Me Guesviller et son collègue, notaires à Rouen, lequel acte restera annexé à la présente Ordonnance.

## Art. 2.

Le Préfet du département de la Seine-Inférieure est chargé de veiller à l'exécution des Statuts approuvés, et d'en rendre compte à notre Ministre de l'Agriculture et du Commerce. La Société lui présentera, tous les six mois, et plus souvent s'il le requiert, l'état de situation de la Banque.

## Art. 3.

Pour l'exécution de l'art. 31 de la loi du 24 Germinal an XI, et de l'art. 15 de ses Statuts, la Société sera tenue, en outre, de remettre au Préfet des états hebdomadaires comparatifs de la somme en numéraire existant en Caisse, et du montant, tant des billets en circulation, que des sommes dues en compte courant par la Banque.

Le Préfet pourra s'assurer, par toutes vérifications qu'il jugera nécessaire, de l'exactitude des états qui lui seront soumis.

## Art. 4.

L'état semestriel de situation sera remis également au greffe du Tribunal de Commerce, et à la Chambre de Commerce de Rouen.

Il en sera adressé copie à notre Ministre de l'Agriculture et du Commerce.

## Art. 5.

Nous nous réservons de révoquer notre autorisation en cas de violation ou de non exécution des Statuts approuvés, sans préjudice du droit des tiers.

## Art. 6.

La présente autorisation ne sera valable et définitive, qu'après la promulgation de la loi nécessaire pour proroger le privilége de la Banque de Rouen, conformément à l'art. 8 de la loi du 30 juin 1840.

## Art. 7.

Notre Ministre Secrétaire d'État au département de l'Agriculture et du Commerce, est chargé de l'exécution de la présente ordonnance, qui sera publiée au *Bulletin des Lois*, insérée au *Moniteur*, et dans un Journal d'annonces judiciaires du département de la Seine-Inférieure.

Fait à Paris, le 6 Mai 1841.

*Signé* LOUIS-PHILIPPE.

Par le Roi :

*Le Ministre Secrétaire d'État, au département de l'Agriculture et du Commerce,*

*Signé* CUNIN-GRIDAINE.

# N° 10.

## *Interprétation de l'article 15 des Statuts,*
### *ainsi conçu:*

Le montant des billets en circulation, cumulé avec celui des sommes dues par la Banque, en compte courant, et payables à volonté, ne pourra excéder le triple du numéraire existant matériellement en Caisse. Dans tous les cas, l'excédent du passif payable à vue sur le numéraire en Caisse, ne pourra excéder le quadruple du capital social.

En supposant, d'après ce qui précède : 1° un encaisse en espèces de . . . . . . . . . . . . . . . . . . . . . . . . . . . . 6,000,000 »

2° Un passif composé, tant en billets en *circulation,* qu'en sommes dues par la Banque, en comptes courants, ensemble. . . . . . . . . . . . . . . . . . . . . . . . . . . . . 18,000,000 »

Si l'on déduit les espèces matériellement en Caisse, sup-posées s'élever à. . . . . . . . . . . . . . . . . . . . . . . . . 6,000,000 »

Dans cette hypothèse, la Banque n'aura pas dépassé les limites prescrites par l'art. 15, puisque l'excédent du passif, payable à vue sur le numéraire en Caisse, n'aura pas excédé le quadruple du capital social ( de 3,000,000 ), soit. . . . . . . . . . . . . . . . . . . . . . . . . . . . . . . . 12,000,000 »

Ainsi, l'augmentation du capital de la Banque ne saurait être légalement demandée et obtenue du Gouvernement, avant que la *circulation moyenne* des billets, cumulée avec le montant des sommes dues par la Banque, en comptes courants, ne soit parvenue au chiffre de. . . . . . . . . 18,000,000 »

# N° 11.

## *Ordonnance du Roi.*

Fait au Palais des Tuileries, le 25 novembre 1842.

LOUIS-PHILIPPE, Roi des Français.

Vu la loi du 5 Juin 1842, relative à la prorogation du privilége de la Banque de Rouen ;

Vu notamment le 1ᵉʳ § de l'art. 33 de ladite loi, portant que le Directeur sera nommé par Ordonnance royale, sur la présentation de trois candidats, faite au Ministre des Finances, par le Conseil d'administration ;

Vu la délibération du Conseil d'administration de la Banque de Rouen, en date du 3 Novembre ;

Vu l'avis donné par le Préfet de la Seine-Inférieure, le 11 Novembre ;

Sur la proposition de notre Ministre Secrétaire d'État au département des Finances ;

Nous avons ordonné et ordonnons ce qui suit :

## ARTICLE PREMIER.

M. Camille VIDAL est nommé Directeur de la Banque de Rouen.

## Art. 2.

Notre Ministre Secrétaire d'État des Finances est chargé de l'exécution de la présente Ordonnance.

Fait au Palais des Tuileries, le vingt-cinq Novembre mil huit cent quarante-deux.

Signé LOUIS-PHILIPPE.

Par le Roi :

*Le Ministre Secrétaire-d'État des Finances,*
*Signé* LAPLAGNE.

Pour Ampliation :

*Le Conseiller d'État, Secrétaire général des Finances,*
DE BOUBERT.

# TABLE DES MATIÈRES.

## PIÈCES JUSTIFICATIVES.